AF245180

TROCHU

COMME

ORGANISATEUR ET GÉNÉRAL EN CHEF

CONFÉRENCE AU CLUB DES RÉVOLUTIONNAIRES

A PARIS

Par le Colonel

J. DOMBROWSKI

EN VENTE CHEZ TOUS LES LIBRAIRES

TROCHU

COMME ORGANISATEUR ET COMME GÉNÉRAL EN CHEF.

Trois mois d'attentives observations nous donnent le droit de juger l'homme qui tint dans ses mains la destinée de Paris, et cette destinée de la capitale a une immense influence sur celle de la France, même du monde entier, de l'Europe principalement.

A ce point de vue, nous ne toucherons ni aux opinions, ni aux projets du général Trochu, et, nous bornant seulement aux faits accomplis, nous le jugerons au point de vue de l'organisateur et commandant en chef.

I.

La révolution actuelle avait pour cause finale les revers militaires. Au 4 septembre, le peuple français, blessé dans son amour-propre, justement effrayé pour ses intérêts les plus chers et les plus légitimes, comprit, avec cette intuition qui n'appartient qu'aux masses, qu'il fallait donner une direction toute nouvelle à ses forces morales et matérielles.

Il était évident que cette révolution devait s'accomplir surtout dans l'organisation et la direction de l'armée. Quelles étaient les réformes utiles à pratiquer, la nouvelle voie à suivre?

Voilà la question qu'aurait dû se poser l'organisateur.

La réponse n'était pas difficile après quelques réflexions sur les causes des désastres infligés à l'armée française.

Jusqu'à la révolution du 4 septembre, la guerre actuelle nous présentait la lutte de deux éléments représentés par deux armées: une permanente, tout entière au gouvernement; l'autre composée d'hommes appelés momentanément sous les drapeaux, qui ne peut être considérée comme permanente. Quoique conduite par le despotisme et l'aristocratie, l'armée prussienne n'est pas autre chose que le peuple en armes, peuple égaré aujourd'hui il est vrai par des succès inouïs, inattendus même, mais animé par une grande idée, l'idée de l'unification de l'Allemagne. Cet enthousiasme et l'organisation toute populaire de l'armée allemande donnaient à celle-ci une grande force morale et une force numérique imposante.

Contre ce peuple, dirigé par des chefs pleins d'intelligence et de savoir, la France opposait une armée peu nombreuse, privée de réserves, commandée par des généraux et des officiers supérieurs aussi ignorants que présomptueux, et conduite non pas au nom de la patrie, de la liberté et de l'humanité, mais au nom de l'empereur et de la conquête. Le principe sur lequel reposait la force morale de l'armée française n'était pas le sentiment du devoir à remplir envers la patrie, mais comme dans toutes les autres armées permanentes ce n'était que la gloire et l'honneur militaires ; c'est-à-dire le devoir de trahir son pays, de massacrer ses frères sur l'ordre des chefs. Mais l'armée française avait d'autres ressources morales encore, et cette représentante des armées permanentes, amoureuse de ses pantalons rouges et de ses épaulettes, imbue de tous les préjugés de tactique et d'organisation, aurait pu néanmoins être victorieuse. Sa force consistait dans cette bravoure bouillante que le monde baptisa de « furie française, » dans les souvenirs immortels de tant de victoires remportées, dans la croyance inébranlable de l'irrésistibilité de ses charges à l'arme blanche, qui souvent changèrent des désastres inévitables en de brillantes victoires (Solférino). Mais la guerre de 1866 avait eu une influence aussi fatale pour la France que pour l'Autriche. Les victoires de la Prusse détruisant la puissance militaire de cette dernière, ont brisé en même temps la force morale de l'armée française

Cette question, d'une gravité immense dans les moments actuels, doit être approfondie avec la plus grande attention.

II.

L'incapacité des généraux de l'Empire, démontrée déjà pendant la guerre de Crimée et surtout pendant celle d'Italie, était grosse de désastres à venir. L'ignorance complète de la position ennemie le jour même de la bataille de Solférino, présageait les surprises de Wissembourg et de Reichshoffen.

Au lieu de chercher dans les événements de 1866 les bases nouvelles de l'organisation, et d'appliquer toutes les inventions modernes aux grands principes de stratégie légués par les guerres de la Révolution, les comités militaires de l'Empire, poussés par les déclamations erronées et souvent intéressées, imaginèrent une nouvelle tactique et une stratégie basées sur l'impossibilité du combat à l'arme blanche vis-à-vis du tir rapide des fusils se chargeant par la culasse ; c'est-à-dire, ils cherchèrent le succès dans l'éparpillement des forces et non dans leur concentration.

En répandant dans l'armée ces idées funestes, ils produisirent une confusion fatale, ils ébranlèrent la foi dans la charge à la baïonnette, et privèrent l'infanterie française de ce puissant moyen d'action qui lui avait toujours assuré la victoire. Ici, quelques mots sont indispensables pour démontrer toute la fausseté de cette croyance des généraux de l'Empire.

Pendant la campagne de 1866, aussi bien en Bohême qu'en Allemagne, les Prussiens, dès le début, prirent toujours l'offensive. Comme les environs de la Saale et du Mein, la Bohême présentait un terrain montagneux couvert de bois, de villes et de villages nombreux dont les bâtiments de pierres ou de briques, entourés de vergers, de haies vives ou de fossés, offraient aux troupes un abri non seulement contre les balles, mais souvent même contre les boulets ennemis. — Ainsi, dans chaque rencontre, les Prussiens eurent affaire à un ennemi occupant une forte position qui le mettait à couvert. Il ne fallait pas songer à employer l'artillerie contre les Autrichiens dont les batteries, grâces à leurs positions élevées, dominaient les champs de bataille.

Quel moyen restait-il donc aux Prussiens ?

Attaquer les positions ennemies à la baïonnette et enlever les bois, les hauteurs et les ravins, les maisons occupées par les Autrichiens. Tel était le caractère que présentaient les opérations de l'armée prussienne pendant toute la campagne.

Il est évident que les Prussiens n'eurent pas le loisir de beaucoup tirer; le rapport de l'artillerie prussien ne nous offre sur ce point des chiffres très-éloquents (1). Ce rapport n'évalue pas au-delà de 1,850,000 le nombre des cartouches employées jusqu'à l'armistice, y compris les cartouches détériorées ou perdues; c'est-à-dire tout compte fait, « *sept cartouches par fantassin.* » Enfin, en particulier, nous trouvons : pour l'*armée du Mein*, onze cartouches par homme; pour la *première* et la *seconde armée*, six cartouches seulement. C'est à Trautenau, Nachod et Skalitz que fut brûlé le plus grand nombre de cartouches, savoir: vingt-trois par homme à Trautenau et vingt-deux à Nachod et Skalitz. Ces derniers chiffres ne sont pas une moyenne pour tous les corps, mais seulement pour les bataillons qui se trouvèrent au plus chaud de la mêlée.

Cependant, le petit nombre de coups tirés ne prouve pas, d'une manière absolue, que les fusils prussiens n'eurent pas dans la guerre toute l'importance qu'on leur attribue généralement. Le mode d'opérations des Prussiens ne leur permettait pas d'user longtemps et souvent des armes à feu, mais il peut se rencontrer des cas où les Prussiens eurent à se tenir sur la défensive, ce qui peut servir pour l'appréciation de l'effet terrible du fusil à aiguille.

Pour se convaincre de la puissance destructive de cette arme, il faut chercher un cas où l'infanterie prussienne, assaillie par les colonnes autrichiennes, aurait à défendre une position occupée avant la bataille. Ce cas se présente deux fois pendant toute la campagne; aux batailles de Trautenau et de Kissingen. Si nous comparons les forces de Gablentz (30,000 hommes) au nombre des Autrichiens tués ou blessés (3,000 hommes) dans la bataille de Trautenau (2), nous verrons que les pertes sont de 10 p. % malgré des circonstances très-défavorables pour les Autrichiens qui, successivement, prirent part au combat.

Dans la bataille de Kissingen, les Prussiens eux-mêmes attribuent leurs pertes les plus considérables au mouvement offensif des Bavarois sur les hauteurs de Winkels où, par conséquent, tout l'avantage était pour les fusils à aiguille. Les Bavarois, dans cette bataille, eurent 622 hommes tués ou blessés (3).—Comparons ce nombre aux forces bavaroises (brigade Ribeaupierre, division Feder et neuf bataillons de la division Stephan) s'élevant à 25,000 hommes, et nous constatons que les pertes s'élèvent, en moyenne, à 2 1/2 p. %. — Pour la brigade de Ribeaupierre et pour les troupes de Stephan en particulier à 4 p. %. — Il ne faut pas oublier que les troupes bavaroises arrivèrent peu à peu sur le champ de bataille et qu'elles eurent affaire à des forces considérablement supérieures aux leurs.

---

(1) Voyez les documents à la fin de : *Campagnes de la Prusse contre l'Autriche et ses alliés en 1866.* A. Borbstadt ; Berlin, 1867.

(2) D'après *Oesterreichs Kaempfe im Jahre 1866*, t. III. Band, Beilage, n° 3. Ouvrage de l'Etat-Major autrichien.

(3) *Histoire de la campagne de 1866*, par l'Etat-Major prussien.

Evaluons maintenant les pertes essuyées par les parties dans la bataille de Custozza où il n'y avait pas de fusils à aiguille : les Autrichiens (70,000 hommes) eurent 6,900 hommes tués ou blessés, ce qui donne à peu près 10 p. %. — L'armée italienne, en comptant seulement les cinq divisions et demie qui prirent part à la lutte (55,000 hommes) (1) eut 3,725 tués ou blessés, ce qui donne environ 7 p. %.

Mais les résultats de rencontres secondaires ne sont pas les seuls sur lesquels nous basons notre assertion. Prenons la bataille de Sadowa qui, sans contredit, résume la campagne de Bohême, et comparons-là aux batailles les plus importantes de notre siècle. — Après la bataille de Leipsick, celle de Sadowa est la plus remarquable sous le rapport du nombre des combattants. Il n'y a plus que celles de la Moskowa, de Dresde et Solférino auxquelles nous puissions la comparer.

Ainsi, à la Moskowa, il y avait 255,000 combattants : 125,000 Russes et 130,000 Français. Les pertes communes atteignirent le chiffre de 69,000 hommes, dont 47,000 Russes et 22,000 Français, c'est-à-dire 37 p. % pour les premiers, et à peu près 17 p. % des derniers.

A Dresde, il y avait 375,000 combattants : 205,000 alliés et 170,000 Français. Les pertes s'élevèrent en totalité à 42,000 hommes : 33,000 aux alliés et 9,000 aux Français ; c'est-à-dire 16 p. % d'un côté et 5 1/2 p. % de l'autre.

A la bataille de Leipsick, il y avait 300,000 hommes de troupes alliées contre 180,000 Français, en tout 480,000 combattants. Les pertes communes atteignirent le chiffre effrayant de 110,000 hommes : 42,000 du côté des alliés et 68,000 du côté des Français, dont 30,000 prisonniers ; ce qui donne, pour les alliés, 14 p. % et 21 p. % pour les Français, sans compter les prisonniers.

A Solférino, il y avait 298,000 combattants : 163,000 Autrichiens et 135,000 hommes composant l'armée franco-italienne. Les pertes totales s'élevèrent au chiffre de 27,435 hommes, dont 13,000 Autrichiens et 14,415 des armées sarde et française ; c'est-à-dire 8 p. % d'un côté et 10 4/5 p. % de l'autre.

Les pertes, relativement minimes aux batailles de Dresde et de Solférino, furent la conséquence du manque complet de poursuite.

A Sadowa, aussi bien qu'à Leipsick, la position de l'armée attaquée devenait fatale en cas de défaite. — Les forces étaient aussi gigantesques, car elles se composaient de 420,000 hommes : 215,000 Prussiens et 205,000 Autrichiens (2). Les pertes s'élevèrent seulement à 58,000 hommes, dont 16,000 Prussiens (3) et 42,000

---

(1) Les divisions Brignone, Govone, Cugia, Sirtori, Cerale, et une brigade de la division Planelli. Les divisions Bixio et du prince Humbert ne figurent pas dans ce compte, car elles n'essuyèrent que des pertes insignifiantes. La première eut 14 tués ou blessés, la seconde 55. Lecomte, v. I.

(2) Excepté une brigade du 6me corps, toutes les troupes prussiennes prirent part à la lutte ; les garnisons de Josephstadt et de Kœniggraetz, sont considérées comme réserves autrichiennes.

(3) Selon *Guerre de la Prusse et de l'Italie contre l'Autriche et la Confédération germanique en 1866.* F. Lecomte ; v. I. — L'Etat-Major prussien évalue ses pertes à 9,143 hommes seulement.

Autrichiens, c'est-à-dire 73 3/4 p. % des premiers, et 20 1/2 p. % des autres. Afin d'exposer plus nettement l'état des choses, nous allons établir des catégories pour les 42,000 hommes perdus par les Autrichiens. Dans ce nombre, il faut compter 19,800 prisonniers, et parmi les 22,200 restants, 19,989 furent tués ou blessés (1), le reste se dispersa ou se noya dans l'Elbe, dont le commandant de Kœniggratz avait ouvert les écluses. La catégorie des tués et des blessés donne donc une moyenne de 9 3/4 p. % environ.

Si nous voulons comparer la bataille de Sadowa à des batailles moins importantes, la bataille de Grochow, par exemple, qui a avec elle beaucoup d'analogie quant à la position, nous trouverons une différence aussi marquée dans les pertes. — A Grochow, y compris la garnison de Praga, l'armée polonaise ne comptait pas au-delà de 46,000 hommes. Déduction faite de la brigade de fantassins de Malachowski (4,500 hommes) et de la brigade de cavalerie de Bukowski (1,200 chevaux), qui arrivèrent seulement à la fin de la bataille, il reste 40,000 hommes environ. — Les forces russes étaient de 90,000 hommes, et déduction faite du corps de Schakowskoy (20,000 hommes), qui n'assista pas à la lutte, il reste 70,000 hommes. — Les pertes des Polonais s'élevèrent à 4,900 tués ou blessés; les Russes perdirent 13,450 hommes, ce qui donne 12 1/4 p. % pour l'armée polonaise, et 19 p. % à l'armée russe.

La comparaison de ces chiffres est sans contredit une réponse catégorique à toutes les déclamations exagérées sur le caractère destructif des combats depuis l'introduction des fusils se chargeant par la culasse. Les recherches sur ce sujet démontrent au contraire que le perfectionnement augmentant la rapidité du tir, diminue sensiblement les pertes dans les batailles. Pour nous en convaincre, comparons les résultats des époques militaires qui diffèrent par les armes usitées. Nous trouverons les chiffres suivants :

Dans la période des guerres de la Révolution et de l'Empire (1796-1815) les troupes étaient armées de fusils à pierre, les pertes furent, pour les vainqueurs, de 12 1/4 p. %, et d'environ 20 p. % pour les vaincus.

Dans la guerre d'Italie en 1859, les troupes étaient armées de fusils rayés à percussion, les pertes des vainqueurs s'élevèrent à 9 1/2 p. %, et celles des vaincus à 7 p. % (2).

Dans les campagnes de Bohême et de Moravie, de l'Allemagne centrale, les pertes des Prussiens (fusil à aiguille) se montent à 6 p. %, et celles de l'armée austro-allemande (fusil rayé à percussion) à 10 9/10 p. % (3).

Actuellement, le mode d'armement et de tactique étant à peu près le même pour toutes les armées, chaque parti belligérant

---

(1) *Oesterreichs Koempfe*, etc.

(2) *De l'effet du tir à la guerre*, par J. Maschelle. *Revue militaire suisse*, n° 6 de 1809.

(3) Les pertes de l'armée du Nord 37,958 ; de l'armée fédérale 5,700 ; en tout, 43,658. *Oesterreichs Koempfe*, etc.

Les pertes de la grande armée de Prusse, 16,843 ; de l'armée du Mein, 3,788 ; en tout, 20,681. *Histoire de la Campagne de 1866*, par l'État-Major prussien.

s'efforce d'écraser son adversaire sous le nombre. Il doit en résulter un déploiement immense de troupes pendant les guerres modernes.

D'autre part, et généralement aujourd'hui, la guerre est considérée comme un fléau désastreux, mais parfois inévitable, comme une opération douloureuse se fait à un organe dangereusement malade pour le conserver ou lui rendre la santé. — A ce point de vue, moins cette opération durera, moins elle occasionnera de souffrances tout en conjurant la perte de cet organe, plus prompt sera le retour à l'état normal. — Les parties belligérantes cherchent et chercheront une rencontre décisive, et une bataille entre deux grandes armées ne peut se décider que par un choc à l'arme blanche, car de cette manière seulement, des masses considérables peuvent déployer toute leur puissance.

La vérité de nos appréciations s'est confirmée par la guerre actuelle, mais l'état-major général français considérait la question ci-dessus discutée tout-à-fait autrement. Il fit malheureusement les conclusions toutes contraires, opposa la dispersion aux attaques concentrées des Prussiens, une défensive timorée à leur vigoureuse offensive.

De leur côté, les soldats, pénétrés des idées de leurs supérieurs, privés de leur confiance dans ces hardis coups de mains d'autrefois, n'attendaient la victoire que de la rapidité du tir. — Une fois leurs cartouches épuisées, il ne leur restait qu'à battre en retraite, et ces soldats français, dont le seul aspect suffisait autrefois pour mettre les ennemis en fuite, présentèrent un spectacle navrant pour tout cœur qui aime la France.

III.

La capitulation de Sedan laissait à la République, outre quelques dépôts dispersés en Algérie et dans les départements non envahis :

1° Le corps de Vinoy, se montant avec la garnison de Paris et de divers dépôts de ses environs, à près de 80,000 hommes;

2° Le corps de Bazaine, fort de 175,000 hommes, enfermé à Metz;

3° La garnison de Strasbourg de 12,000 hommes ; et enfin,

4° Les garnisons de Toul, Colmar, Phalsbourg, Verdun, Thionville, Montmédy, Mezières, Belfort, etc.

Toutes ces forces ne pouvaient, momentanément, jouer qu'un rôle entièrement passif, et la France n'avait à opposer à l'armée envahissante, que les 80,000 hommes de Vinoy, 20,000 gardes mobiles et 90,000 gardes sédentaires de Paris, avec lesquels il était impossible de vaincre les 300,000 Allemands s'avançant vers la capitale.

Tout était donc à créer, créer au plus vite possible, car quoique Palikao ait approvisionné Paris et armé ses forts d'une formidable artillerie, les villes assiégées ne pouvaient attendre longtemps. — Mais en revanche, nul pays ne présenta certes autant de ressources que la France le lendemain de la révolution.

Paris seul disposait de moyens immenses, plus imposants que ceux de bien des royaumes. Ses deux millions d'habitants pouvaient donner d'excellents soldats dans une proportion bien plus avantageuse que tous les autres pays du monde, Paris attirant toujours les chercheurs de fortune. Ses fonderies, ses manufactures pouvaient aisément équiper cinq cent mille combattants, et ses capitalistes, sa Banque et les biens du clergé permettaient de couvrir les dépenses sans recourir aux mesures trop extraordinaires. — L'enthousiasme et le patriotisme exaltés par les dangers de la patrie, donnaient au gouvernement de la défense un pouvoir sans bornes. — Il pouvait tout oser, il devait tout oser, à la condition de réussir; et pour réussir, il fallait oser seulement. Le temps était tout, et il n'y en avait pas beaucoup; donc pas de demi-mesures, pas de transaction avec les personnalités, chaque pas devait conduire au but déterminé d'avance. Il fallait avant tout tracer un plan de l'organisation des forces militaires, approprié aux circonstances politiques du pays.

Il n'y avait pas de choix, car la voie du salut était unique.

Nous avons vu plus haut les causes de succès des Prussiens : il était donc indispensable d'opposer aux Allemands, poussés par l'ivresse du triomphe jusqu'au désir des conquêtes, un peuple prêt à mourir pour la liberté; d'opposer à l'organisation populaire des armées allemandes, une levée en masse; contre le despotisme et l'aristocratie, la démocratie et la République Universelle.

Les événements démontrèrent l'insuffisance des armées permanentes pour la défense du pays. L'histoire condamna leur existence au point de vue social, car leur introduction en Europe la courba sous le joug d'un despotisme complet. — Les efforts des peuples pour reconquérir la liberté ont quelquefois réussi à renverser les trônes, mais ses succès ne furent que passagers, les armées permanentes étant toujours là pour asservir le peuple. Nulle révolution ne sut abolir ces corporations parasites, et avec elles restait la possibilité d'établir de nouvelles monarchies sur les ruines des trônes à peine écroulés.

Détruite matériellement et moralement, l'armée française devait être abolie par la République.

Il est facile de voir, d'après ce qui précède, quelles étaient les mesures à prendre.

Comme introduction, il fallait révoquer toutes les lois et règlements concernant l'organisation des armées de terre et de mer.

Appeler par une loi tous les français de 18 à 50 ans à la défense de la patrie, ce qui représentait, d'après le dernier recensement, sept millions d'hommes, suffisants, non-seulement pour vaincre les allemands, mais encore pour conquérir la liberté à toute l'Europe.

Partager les citoyens appelés, en cinq classes, savoir :

1° Les hommes de 20 à 25 ans		célibataires
2° — de 25 à 35 —		ou
3° — de 35 à 40 —		mariés sans enfants.
4° — de 40 à 50 —		

5° Les pères de famille jusqu'à 50 ans.

Les débris de l'armée de Mac-Mahon et tous les militaires démissionnaires appelés immédiatement sous les armes, auraient fourni les cadres pour former une armée imposante à Paris et à Lyon, et dans lesquelles on aurait versé la première classe des citoyens, et les quatre autres classes auraient formé la réserve destinés à la défense des villes et places fortes, et en même temps pour remplacer les pertes des armées actives.

Toutes ces mesures auraient pu s'exécuter dans l'intervalle compris entre le 4 septembre et l'investissement de Paris.

Pour pourvoir aux besoins d'habillement et d'équipement de ces troupes, il fallait créer des ateliers et remplacer, autant que possible, le travail des hommes par celui des femmes afin de distraire le moins de bras valides de la défense, et assurer en même temps les moyens d'existence aux familles privées du travail par les événements.

L'armement présentait plus de difficultés parceque l'Empire laissait à la République des arsenaux vides. Mais avec les moyens pécuniers dont pouvait disposer le Gouvernement de la défense, la difficulté n'était point insurmontable, ni même sérieuse.

Le temps manquait, il fallait donc, profitant du répit que laissait à la capitale la marche lente des Prussiens, concentrer dans Paris toutes les armes à tir rapide, et pour obvier à leur insuffisance, établir des ateliers pour transformer les anciens fusils, en faire des neufs et fondre des canons.

La magnifique industrie française pouvait en fournir les éléments.

On pouvait aussi profiter des fabriques belges qui, depuis la guerre de la sécession de l'Amérique, sont presque sans travail. Et pour faire comprendre tout le concours que le ministère de la guerre pouvait en attendre, il suffit de savoir qu'à Liège seulement il y avait 30,000 ouvriers armuriers sans travail.

Pour les armées des départements, il fallait conclure des marchés avec l'Amérique, où existent des dépôts importants d'armes de toutes sortes, et si ces marchés eussent été conclus alors que le général Cluseret en fit la proposition au Gouvernement, la cargaison de fusils Remingthon arrivée récemment en France, aurait pu servir depuis six semaines au moins à l'armement des armées de la Loire, de Lyon et du Midi.

L'armée de Paris, formée des anciens militaires et de la première classe des départements du nord et du nord-ouest, aurait présenté la masse de 400,000 hommes. Elle pouvait même avoir une bonne cavalerie à la condition que tous les chevaux de Paris eussent été réquisitionnés. Les chevaux reconnus bons par la commission instituée à cet effet, eussent été payés soit au comptant, soit en bons au porteur à six mois d'échéance. Par ce moyen si simple, on se serait procuré une quantité suffisante de chevaux pour environ 40,000 cavaliers et un millier de canons.

Cette armée pouvait être prête pour la mi-octobre et commencer ses opérations en s'appuyant sur Paris gardé par 300,000 citoyens armés. Elle pouvait être prête et même bien instruite, mais à la condition d'un changement radical dans le règlement, car le règlement tel qu'il existe, est plein d'évolutions ridicules ou inutiles, et par contre, contient peu de choses nécessaires à la guerre.

Après la guerre de Crimée, et surtout après la publication du célèbre ouvrage du général Renard (1), toutes les puissances européennes ont changé leurs règlements. L'armée française seule resta fidèle à la tradition ancienne et conserva les principes

---

(1) *Considérations sur la tactique de l'infanterie de l'Europe*, Bruxelles 1866.

de la tactique linéaire mais, qui plus est, la colonne double et l'école des tirailleurs, inventions toutes françaises léguées par la grande Révolution, n'y jouent qu'un rôle insignifiant.

En analysant la conduite du général Trochu d'après ces points de vue, nous pouvons dire que comme organisateur de la défense nationale, il n'est pas à la hauteur de sa mission. Plein de déférence pour les institutions existantes, il maintint longtemps même les remplacements et les exemptions, bien que dans l'administration militaire il y ait tant d'emplois où on peut utiliser tous les hommes réformés. Quant au remplacement, chacun sent la monstruosité d'une loi qui permet le trafic du sang.

En vain chercherons-nous une idée dans la multitude des décrets de mobilisation, ils se contrecarrent en grande partie pour ne pas dire en général, et lorsqu'après deux mois d'hésitations il décréta la levée en masse, ce même décret est annulé par les nouveaux décrets additionnels.

Si le fameux plan Trochu existe en réalité, il serait inutile de le chercher dans la formation de forces concentrées à Paris.

Loin de tâcher d'introduire l'unité dans l'organisation, l'organisateur conserva et même créa une telle multitude de genres de troupes, qui se détestent entre elles, que cette organisation pourrait plus rationnellement se nommer *désorganisation*. La ligne, la garde mobile, la garde sédentaire, compagnies de marche, éclaireurs, tirailleurs, etc., devront absolument être réorganisés avant d'être conduits aux combats sérieux. Mais le défaut principal de cette organisation, c'est son impuissance. Sur l'effectif nominal de 500,000 hommes, on n'a pas pu jamais réunir 100,000 hommes de troupe pour les opérations extérieures. La cause de cette impuissance est facile à découvrir.

Les forces réelles sont représentées seulement par la ligne et la garde mobile. La garde nationale ne représente que des éléments pour la formation d'une armée. Les compagnies de marche, organisées d'une façon différente dans divers bataillons, soumises au commandement des chefs de bataillons sédentaires, ne sont ni embrigadées, ni endivisionnées, et par conséquent ne pourront manœuvrer en masse sur le champ de bataille.

Les troupes concentrées à Paris sont pleines de divisions et de défiances à l'égard de leurs chefs. L'instruction militaire des soldats est insuffisante, retardée et entravée ; leur temps est perdu dans les études des évolutions qui pourraient servir pour les revues, les parades et autres amusements de ce genre, mais qui conduisent aux désastres en temps de guerre.

L'instruction des officiers n'est pas et ne peut être ce qu'elle devrait, parceque la plupart des officiers n'ont pas servi ou, s'ils l'ont fait, c'est dans les grades inférieurs à leur position actuelle, et nous n'avons pas appris que des conférences publiques eussent été organisées pour donner à ces officiers quelques notions de tactique.

L'armement est très-mauvais dans la plus grande partie des corps, et les soldats de ces corps n'ont aucune confiance dans leurs armes, et la *confiance* est la première condition de la victoire.

Cette insuffisance de l'armement est la suite et la conséquence des fautes du Gouvernement qui, au lieu de prendre l'initiative dans l'application de l'industrie parisienne à la confection des armes, résista au contraire très-longtemps à l'opinion publique qui le poussait dans cette voie. Enfin, les armées de Paris manquent de cavalerie, parcequ'on laissa sortir ou fit convertir en salaisons les chevaux avec lesquels on aurait pu la monter.

IV.

Maintenant il ne nous reste plus qu'à analyser les opérations militaires depuis l'inauguration du Gouvernement de la défense nationale.

Nous avons dit déjà qu'il n'était pas possible de tenter une rencontre décisive avec les forces qui se trouvaient à la disposition du Commandant en chef immédiatement après le 4 septembre ; mais nous ne pensons pas qu'une inaction complète vis-à-vis des mouvements téméraires de l'ennemi, fut le meilleur parti à prendre.

En 1814, l'armée française était moins forte que les troupes concentrées à Paris après le 4 septembre. Elle était aussi composée des débris des armées captives ou écrasées, et cependant elle tint tête aux forces envahissantes non moins considérables que celles qui menacent Paris. Nous ne demandons pas de Montmirail, de Château-Thierry ou de Montereau, — ce sont des faits hors ligne ; mais le devoir d'un général consistait à faire la retraite avec la plus grande lenteur, et à défendre chaque position avantageuse afin d'obliger l'ennemi à déployer sans cesse des forces considérables. L'armée ennemie eut été forcée de s'avancer lentement et l'investissement de Paris eut été retardé.

Avec de la bonne volonté il était facile de former à Paris, et en peu de jours, quelques milliers d'hommes de cavalerie irrégulière, les propositions de ce genre en ayant même été faites au Gouvernement.

Cette cavalerie aurait pu très-avantageusement appuyer la retraite de l'armée, épier tous les mouvements de l'ennemi, le forcer de se tenir en masse, détruire ses petits détachements d'observation, ses fourrageurs, et éviter aux villes françaises la honte d'être occupées par quelques uhlans.

Malheureusement on ne fit rien, l'armée se replia brusquement sur Paris sans livrer une seule bataille d'arrière-garde, et les témoins oculaires racontent même que tous les ponts et viaducs depuis Château-Thierry étaient détruits dix jours avant l'arrivée des Prussiens (1).

Au moment de l'investissement, la situation militaire s'améliora beaucoup. Les bataillons de la garde mobile du Nord et du Nord-Ouest de la France arrivèrent à Paris et élevèrent les forces des mobiles à 100,000 hommes armés de chassepots, qui, joints à la ligne et s'appuyant sur 200,000 gardes nationaux, formèrent des masses suffisantes pour les opérations autour de Paris.

Les environs de la capitale se prêtaient admirablement aux sorties vigoureuses contre les corps dispersés de l'ennemi. La Seine, la Marne et le canal de l'Ourcq coupent le terrain dans la direction des rayons d'un cercle dont le centre est Paris.

---

(1) Citoyen Mayer dans sa lettre au *Réveil*.

L'armée française, abritée derrière ses murs, se trouvait dans la position centrale et pouvait tomber inopinément sur un des corps ennemis dispersés sur les deux rives de la Seine, le surprendre pendant sa marche de flanc ou le passage d'une rivière, *l'écraser* et rentrer pour se jeter sur une nouvelle proie.

Les opérations indiquées ne présentaient aucun risque, puisqu'en cas d'insuccès la retraite était toujours facile et pouvait même entraîner peut-être l'ennemi sous les feux des forts.

Le commandant en chef resta spectateur indifférent des mouvements des Prussiens, et quand l'avant-garde ennemie s'aventura jusqu'à Clamart, au lieu d'être prise entre la Seine, les forts et l'armée française, et détruite, elle ne trouva devant elle que quelques bataillons auxquels elle infligea la honte d'une nouvelle fuite.

Une fois l'investissement accompli, s'en rapportant à la parole des Prussiens, que Paris était assiégé, le commandant en chef ne fit rien pour s'assurer si ce blocus se composait d'un cercle de fer ou d'une toile d'araignée. Grâce à cette inaction, l'ennemi occupa de fortes positions autour de Paris, les fortifia jusqu'à les rendre formidables, commença les travaux de siége sans autres obstacles que de rares coups de canon des forts.

Quant aux deux premiers mois de l'investissement, examinons comment ils devaient être employés par un commandant en chef.

Avant tout, son devoir était de préparer les forces concentrées à Paris pour les prochains combats, et leur assurer la victoire. Ses efforts devaient tendre surtout à relever l'esprit militaire des soldats, donner l'expérience et le savoir-faire aux officiers et généraux, et enfin se préparer lui-même à la grande mission de faire revivre le succès sous les drapeaux français.

Les soldats étaient profondément démoralisés, et cette démoralisation est le fruit d'une tactique erronée au point de vue de la science, et plus absurde encore par son application au caractère national plein d'enthousiasme et de générosité.

Il fallait donc, par de frappantes expériences, combattre les idées fausses, dissiper la crainte et ramener les esprits à la foi, à la confiance dans la charge à la baïonnette, qui, seule, donnera toujours la victoire à l'infanterie française.

Les généraux et les officiers étant en grande partie des novices n'ayant jamais vu le feu, ou d'anciens militaires peu habitués aux grades bien supérieurs à ceux qu'ils occupaient avant, il était indispensable, pour les uns comme pour les autres, d'acquérir cette expérience résultant des combats, que nulle science, nulle intelligence ne peuvent remplacer chez un homme chargé du commandement.

Cette expérience était indispensable au commandant en chef lui-même. Général de brigade pendant la guerre d'Italie, il pouvait parfaitement conduire sa brigade ; mais tout le monde comprendra qu'entre la direction de 5,000 hommes et la direction de 500,000 il y a une grande différence. Benedeck était un bon commandant de corps ; avec ses 40,000 hommes il faisait le dur aux Italiens à San-Martino ; mais ce même Benedeck, appelé au commandement de 270,000 hommes de *l'armée du nord*, pendant la guerre de 1866, était le plus ridicule de tous les commandants en chef.

Le gouverneur de Paris devait comprendre qu'il lui fallait absolument prendre l'habitude de diriger de grandes masses avant de tenter quelque opération décisive.

Le devoir du commandant d'une place assiégée consiste à empêcher par tous les moyens possibles les assiégeants de conduire et d'exécuter les travaux de siége. Les moyens les plus sûrs et les plus ordinaires sont des sorties. Le projet de former des bataillons de sortie à Paris était tout-à-fait superflu : toutes les troupes en formation auraient dû être employées à cet effet. Ces sorties faites sans trève ni merci, aussi bien le jour que la nuit, et surtout la nuit, auraient pu infliger à l'ennemi des pertes cruelles, le tenir toujours en haleine, élargir par occupation de positions ennemies le cercle de défense, et en même temps former les jeunes troupes de Paris, ennuyées et démoralisées par l'inaction.

Outre ces sorties secondaires, des opérations plus sérieuses pouvaient être tentées sous la direction personnelle du commandant en chef, dans le but d'enlever quelque corps ennemi trop exposé, ou pour faire entrer des provisions dans Paris. Rien de pareil ne fut tenté jusqu'à la fin de novembre, et pendant que Toul, Verdun succombaient après s'être vaillamment défendus, que l'héroïque Strasbourg s'ensevelissait sous ses ruines, que Metz était livré, on ne fit que de rares sorties au lieu de harceler l'ennemi sans relâche.

Ces sorties même furent sans but, et évidemment avec l'idée préconçue qu'elles ne réussiraient point, et certes les combats de Chevilly, de Châtillon, de la Jonchère et du Bourget avaient toutes les chances pour démoraliser les soldats au lieu de les encourager.

L'inaction absolue des armées de Paris depuis le 31 octobre, pendant que la reddition de Metz pouvait donner des renforts considérables aux Prussiens et l'épuisement des vivres accumulaient tous les jours les difficultés à la défense de Paris ; mais à toutes les alarmes le commandant en chef répondait : « *J'ai mon plan.* »

Mais qu'est-ce qu'un plan d'opération ? C'est un mode d'action basé sur toutes les connaissances de la situation de l'armée ennemie. Ce sont les renseignements plus ou moins positifs sur les forces ennemies, leurs positions respectives, leur état moral, leurs communications, vivres, munitions, le caractère des chefs militaires qui dirigent une combinaison stratégique, enfin la saison même dans laquelle on opère. Il est évident que toutes ces circonstances sont susceptibles de changements ; par conséquent, un plan d'opérations qui était applicable hier pourrait ne pas l'être aujourd'hui. L'arrivée de l'armée de Frédérick-Charles entre la Seine et la Loire, pour ne donner que ce seul exemple, a changé absolument la situation des armées belligérantes, et devait forcément ment bouleverser totalement toutes les combinaisons antérieures. Un plan d'opérations militaires, approprié à toutes les situations possibles, ressemble beaucoup à ces remèdes universels, pour toutes les maladies, qui guérissent quelquefois, il est vrai, mais qui empoisonnent presque toujours.

Le 28 novembre, parut enfin la proclamation annonçant le commencement des *efforts sérieux* pour la délivrance de Paris. D'après les « on dit, » cette résolution fut prise à la suite de la nouvelle qu'un corps d'élite de soixante mille hommes, sous les ordres du prince de Saxe était détaché de l'armée assiégeante pour aller renforcer l'armée du prince Frédérick-Charles, qui marchait à la rencontre de l'armée de la Loire.

L'occasion était certes belle pour dégager Paris, tendre en même temps la main aux armées de Bretagne et du Nord, et marcher contre les envahisseurs avec 300,000 hommes ; mais tout dépendait du choix du point d'attaque, de la promptitude et de la hardiesse, car, dans la position de Paris affamé, toute demi-mesure était intempestive et compromettante. Pour l'attaque, il fallait donc choisir le point décisif et aborder franchement les retranchements ennemis.

Quel était le plan du général Trochu ? Nous l'ignorons !... Cependant il est évident qu'il n'avait pas pour but une action décisive ; car ce n'est pas à l'Est ou au Nord-Est que se trouvait la clef de la position des Prussiens, mais bien du côté du Sud et du Sud-Ouest, où on pouvait faire la jonction avec les armées de province.

Maintenant, passons à l'exécution.

La nuit du 28 novembre et toute la journée du 29, les forts canonnèrent les positions ennemies, et les reconnaissances furent poussées jusqu'à Buzenval et au Port-à-l'Anglais ; le plateau d'Avron fut occupé. Le 30, au matin, les sorties furent dirigées contre Thiais, l'Hay, Choisy-le-Roi et Epinay. L'entrain des troupes fut admirable ; elles occupèrent toutes les positions après les avoir enlevées à la baïonnette, rejetèrent l'ennemi en lui prenant quelques canons et faisant plusieurs centaines de prisonniers. En même temps, cent mille hommes de l'armée du général Ducrot passèrent la Marne, refoulèrent les avant-postes ennemis et occupèrent solidement, après un chaud engagement, Champigny, Villiers et Bric-sur-Marne.

Le début était bon, mais on resta toute la journée du 1er décembre sans bouger, tandis que la position avec la Marne au dos, en cas d'une bataille perdue, pouvait aboutir à un désastre ; et certes rien n'était plus probable qu'une rencontre avec l'ennemi. En effet, le 2, de grand matin, les Prussiens attaquèrent vigoureusement l'armée française, et après un combat acharné occupèrent Bric. Le danger était imminent, immense ; heureusement, les canons du fort de Nogent et les batteries du plateau d'Avron arrêtèrent les succès des Prussiens qui poussaient devant eux l'aile gauche française. Grâces à ce feu formidable, Bric fut repris, et l'ennemi, après une lutte terrible et les tentatives d'une charge de cavalerie, était obligé de battre en retraite.

La bataille finit vers cinq heures. La victoire était incontestable ; mais le succès ne consiste pas dans un combat victorieux, car le savoir d'en tirer tout le profit peut seul amener des résultats avantageux. Pour cela, il fallait poursuivre l'ennemi l'épée dans les reins, et profiter des désordres qu'amène toujours la bataille perdue, pour forcer ses retranchements.

Il était tout naturel de supposer que l'ennemi devait profiter de l'occasion d'accabler l'armée française dans les circonstances où, privée de la possibilité de se retirer, elle pouvait être complètement détruite. Dans la bataille du 2 décembre, les Prussiens amenèrent au combat tout ce qu'ils avaient devant Paris, sauf quelques détachements insignifiants qu'ils devaient laisser pour masquer leurs positions. Les Français, au contraire, auraient pu concentrer, pendant la soirée et la nuit, au moins cent cinquante mille hommes de troupes fraîches, pour les lancer, le 3, dès le matin, sur Versailles et poursuivre les avantages du 2.

En même temps, la plus grande partie de l'armée de Ducrot, dérobée promptement et transportée par le chemin de fer de ceinture, aurait appuyé cette attaque du côté de Meudon.

Mais le commandant en chef en jugea autrement. L'armée du général Ducrot passa la journée du 3 dans l'inaction la plus complète; et cette inaction fut toute au profit de l'ennemi, qui, caché dans les bois de Lagrange, du Gros-Bois et de Saint-Martin, observait l'armée française et attendait la concentration de ses corps pour jeter ensuite sur Ducrot des forces tellement supérieures que la victoire ne pourrait être douteuse.

Déjà le 3, la nouvelle de l'arrivée de l'armée du prince de Saxe commençait à transpirer, et le soir, profitant du brouillard, l'armée française repassa la Marne pour se soustraire à un combat désastreux.

La promenade dangereuse au-delà de la Marne coûta plus de 6,000 hommes en tués et blessés; mais elle a prouvé une fois de plus ce que pourrait la bravoure française si on savait l'employer à propos.

Le 5, le chef de l'état-major de l'armée prussienne annonçait au général Trochu l'échec de l'armée de la Loire et la reprise d'Orléans. Cette nouvelle était confirmée par la dépêche du gouvernement de Tours.

Telle était la première application du plan du général Trochu.

La retraite de l'armée de la Loire ajouta de nouvelles difficultés à la levée du siége; mais c'était à Paris et non aux armées de secours de décider son sort.

Tandis que l'armée de la Loire se battait, Trochu se reposait des fatigues de l'excursion au-delà de la Marne. Sourd au mécontentement public, le général en chef des forces de Paris resta inactif jusqu'au 20 décembre, quand, poussé par le mouvement général des partis révolutionnaires de la capitale, et craignant une explosion, il se décida enfin à agir.

Cette résolution prouve mieux que toute autre chose le manque complet de caractère et de talents militaires chez le général Trochu. Gambetta, dans sa dépêche datée de Tours, du 16 décembre, annonça positivement la retraite de l'armée de la Loire au Sud de ce fleuve, et sa division en deux parties. Il était donc bien évident que les Prussiens avaient fait revenir aux environs de Paris la partie des troupes employées auparavant contre l'armée de la Loire. Il fallait dès lors attendre la réorganisation et la concentration de cette armée, ainsi que son mouvement offensif, pour tenter une opération qui pourrait être fatale aux assiégeants assaillis des deux côtés. Mais il s'agissait de garder à tout prix le commandement en chef, et tous ces raisonnements n'eurent aucune valeur aux yeux du gouverneur de Paris.

Si le célèbre plan Trochu consiste à attendre devant les murs de Paris l'arrivée des armées de province, et de réserver pour elles le rôle principal dans la délivrance de la capitale, cette conception est éminemment fausse. La position des armées belligérantes pourrait être représentée par un cercle dont le centre est occupé par l'armée de Paris et la circonférence par l'armée prussienne.

En supposant les forces des Prussiens même doubles de celles des assiégés, l'armée de Paris, lancée sur un point quelconque de la circonférence, pourrait accabler l'assiégeant par une écrasante supériorité numérique. D'un autre côté, les armées de province sont placées pour ainsi dire sur la circonférence; un cercle d'un rayon plus étendu, et la position des Prussiens vis-à-vis de ces armées est presque la même que celle de l'armée de Paris vis-à-vis des assiégeants.

Le rôle des armées de province ne peut donc être que secondaire. Il consiste à attirer sur elles le plus possible des forces de l'armée assiégeante, pour faciliter les opérations de l'armée de Paris.

Malgré ce raisonnement, et pour éviter des conjectures qui nous entraîneraient dans le domaine de la politique, nous sommes forcés d'admettre que le plan Trochu consiste à donner aux armées de province le rôle principal; par conséquent, les opérations sérieuses étaient impossibles, il fallait tenter une entreprise quelconque pour calmer les impatients. L'attaque du Bourget fut décidée, ce même Bourget qu'il était si facile de garder le 29 octobre, et dont l'occupation était alors déclarée, par le général Trochu, « sans aucune importance stratégique. »

L'attaque commença le 21 décembre, et elle fut conduite avec tant de légèreté, qu'on ne fit même pas la reconnaissance des puissants moyens de défense que les Prussiens avaient accumulés au Bourget pendant un mois. Ces fortifications et les barricades n'avaient même pas été fouillées par l'artillerie, et les braves marins avec la ligne, vivement conduits à la baïonnette, ont été obligés de battre en retraite, après la perte d'un tiers de leur effectif.

L'opération contre le Bourget était secondée par l'attaque de la villa Evrard et de Neuilly-sur-Marne. Ces positions enlevées pendant la journée avec un entrain remarquable, étaient perdues pendant la nuit par suite d'une panique qui s'empara des troupes à l'attaque nocturne des Prussiens.

Après avoir passé les 22, 23 et 24 en escarmouches et en élevant des tranchées devant Drancy, les troupes rentrèrent à Paris. L'ordre du jour du commandant en chef annonça, « que l'abandon des opérations commencées était occasionné par de trop fortes gelées. » Le thermomètre ne descendait pas au-dessous de dix degrés. Le susdit ordre du jour du commandant en chef démontrait qu'il n'est pas de la race de ces généraux qui conduisirent, par des fleuves gelés, les armées républicaines à la conquête de la Hollande, et guettèrent, dans les glaciers des Alpes, le moment opportun pour fondre sur l'ennemi.

A cet aveu du général Trochu, les Prussiens répondirent le lendemain par le bombardement de Paris.

La sortie du 21 décembre, toute insignifiante qu'elle était, donne lieu à des observations aussi sérieuses que très-graves : les compagnies de marche de la garde nationale y étaient employées pour la première fois. Cet essai démontra tous les vices signalés par

nous dans le mode d'organisation des forces de Paris, et prouva
que les bataillons de la garde nationale représentent d'excellents
éléments pour la formation de l'armée, mais qu'ils ne peuvent être
considérés actuellement comme une force capable de manœuvrer
dans les grandes opérations de la guerre. On peut donc, sans être
prophète, prédire que toutes les autres entreprises de ce genre
resteront sans résultats avantageux avant une réorganisation géné-
rale des forces de Paris.

En résumé, nous croyons que le général Trochu n'a pas su tirer
aucun parti des moyens immenses qu'il a eus à sa disposition pour
organiser des forces formidables. D'un autre côté, par l'inaction,
ou par des entreprises sans but et sans vigueur, il ennuya les
soldats et jeta les germes du découragement dans les cœurs des
habitants de Paris, naguère pleins d'un enthousiasme héroïque.

Mais malgré toutes les fautes commises jusqu'à présent, malgré
les difficultés de la situation actuelle, nous ne doutons pas de
l'issue heureuse de la guerre. Ce ne sont pas les chassepots, les
mitrailleuses, ou le feu grégeois qui donne la victoire, ce sont les
idées.

Que la France soit à la hauteur des principes de 1792, qu'elle
représente le progrès, la civilisation, la liberté de l'Europe, elle ne
sera, elle ne pourra pas être vaincue. Les péripéties de la guerre
pourraient être à son désavantage, des nouveaux désastres pourront arriver encore, Paris même tombera peut-être, — avec
Trochu tout est possible, mais que la République persévère et
elle sera victorieuse !

Que le souvenir de la guerre de la sécession de l'Amérique
serve à la France d'encouragement et d'exemple.

Trahis par les ministres et les généraux négriers, les Etats du
Nord étaient sans armes, sans armées, sans généraux. L'ennemi
était devant Washington et la flotte bloquée dans l'embouchure de
James ; mais la cause de la liberté triompha de tous les obstacles.
Les efforts particuliers étaient encouragés, on faisait appel à
toutes les capacités, à toutes les expériences, on chercha les
hommes sans s'inquiéter ni de leur nationalité, ni de leur position.
On manquait d'un général capable pour l'opposer à Jackson et à
Lée, on le chercha : Mac-Dovel n'était pas assez actif, on mit
Mac-Clellan à la tête de l'armée ; celui-ci commença à montrer les
griffes du militarisme, on lui donna un sucesseur dans Burnside.
— Burnside perdit la bataille de Fredericksburg, Hooker reçut le
commandement. Hooker, enfin céda sa place à Grant ; ce même
Grant, qui n'était que capitaine au commencement de la guerre.

Paris, le 27 décembre 1870.

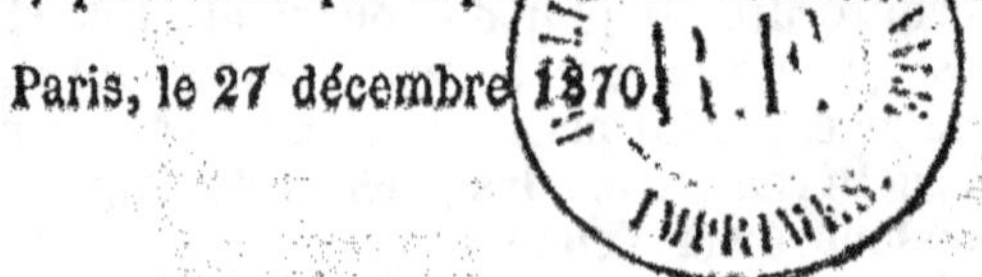

Lyon. Imprimerie FAVAND & BOURGEON, rue Mercière, 92.